[illegible]

PRINCIPES ÉLÉMENTAIRES

dont la connaissance est indispensable avant de solfier ou de se livrer à l'étude d'un instrument,

DÉDIÉS

À M. A. REVON,

OFFICIER DE LA LÉGION-D'HONNEUR, MAIRE DE LA VILLE DE [illegible]

PAR

LOUIS HUSTACHE.

PRIX : 2 FRANCS.

GRAY.

LIBRAIRIE DE JÆGER.

1858.

COURS
DE
MUSIQUE PRATIQUE.

PREMIÈRE PARTIE
CONTENANT
TOUS LES
PRINCIPES ÉLÉMENTAIRES
Dont la connaissance est indispensable avant de solfier ou de se livrer à l'étude d'un instrument,

DÉDIÉE
A M. A. REVON,
OFFICIER DE LA LÉGION-D'HONNEUR, MAIRE DE LA VILLE DE GRAY,

PAR
LOUIS HUSTACHE.

PRIX : 2 FRANCS.

GRAY.
IMPRIMERIE ET LITHOGRAPHIE DE A. ROUX.

1853.

DE LA MUSIQUE.

La musique est l'art d'exprimer, par la combinaison des sons, en les rendant agréables à l'oreille, toutes les pensées de l'âme et du cœur ; c'est à dire qu'elle peut produire tour à tour sur nos sens, par de douces impressions, la joie, la tristesse et les plus doux sentiments de tendresse et de religion.

Les anciens se servaient de la musique pour exciter le cœur à des actions louables et pour s'enflammer de l'amour de la vertu ; chez eux, presque de tous les temps, elle fut un art vénéré, qui était le principal apanage de toutes leurs fêtes religieuses et guerrières ; la plupart considéraient cet art comme la source de toutes les vertus, car la musique par une puissance divine, non seulement peut charmer nos loisirs, mais encore élève l'âme, l'exhorte à la prière ; en nous inspirant les pensées les plus nobles et les plus pieuses, elle adoucit et nous fait oublier bien souvent les peines les plus amères (1) !

Les sons musicaux sont des bruits résonnants, et appréciables à l'oreille ; leur résonnance a permis de les distinguer et de les classer chacun par ordre selon leur nature et leur degré d'élévation à partir du grave à l'aigu ; leur succession est établie sur une ÉCHELLE que l'on nomme GAMME DIATONIQUE. Pour distinguer ces différents sons, afin de pouvoir les produire, soit avec des voix ou des instruments, on a créé des signes ou caractères propres à être écrits, et assez simples pour que l'œil en les lisant, puisse communiquer spontanément à la pensée et à l'ouïe, la nature, la qualité, la force et la durée de chacun d'eux.

(1) » Souvent l'harmonie enchanta et suspendit la douleur, mais sa puissance salutaire
» fut toujours plus marquée sur la douleur de l'esprit ; seule elle connait le chemin du
» cœur ; seule, elle sait endormir les chagrins importuns, assoupir les noirs soucis, et
» éclairer les nuages de la sombre mélancolie.

M. C. F. POUGENS, membre de la faculté de Montpellier et de Paris. — Dictionnaire de *Médecine*.

TABLEAU DES CARACTÈRES

OU

SIGNES DE MUSIQUE.

PORTÉE.

La réunion de ces cinq lignes parallèles se nomme portée, c'est ou dessus ou dans les intervalles de ces lignes que se posent les notes ou caractères qui indiquent les différents sons.

CLEFS.

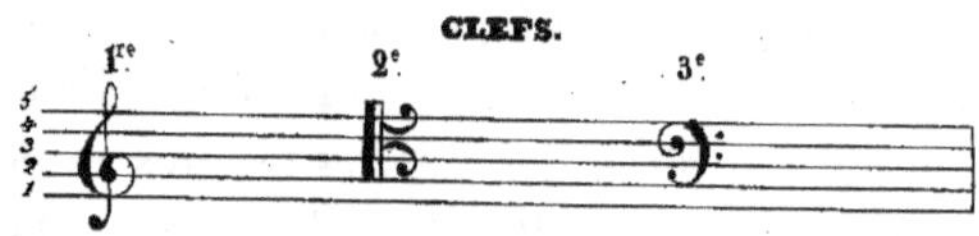

Ces trois signes sont les clefs; on les appelle clefs parce que ce sont elles qui, par la position qu'elles prennent sur la portée, déterminent la place que doit prendre chaque note sur les lignes ou dans leurs intervalles; la 1re se nomme CLEF de SOL, la 2e CLEF d'UT, et la 3e CLEF de FA;

Nous reviendrons à temps utile sur l'emploi et la propriéte de chaque clef.

SIGNES INDIQUANT LES DIFFÉRENTES MESURES.

Mesure à quatre temps:	C	*Elle se bat ou se marque*
Mesure à deux temps:	¢ ou 2	*se bat* . . . .
Mesure à deux temps:	$\frac{2}{4}$ $\frac{6}{8}$	*se bat* . . . .
Mesure à trois temps:	3 $\frac{3}{4}$ $\frac{3}{8}$	*se bat* . . . .
Mesure à douze-huit:	$\frac{12}{8}$	*se bat comme celle à quatre temps*
Mesure à neuf-huit:	$\frac{9}{8}$	*se bat comme celle à trois temps*

Ces lettres et ces chiffres se placent au commencement des morceaux de musique pour indiquer la quantité et les différents mouvements réguliers que doit faire la main ou le pied pour régler le plus ou moins de durée des sons.

Le 1er signe est un ouvert qui indique la mesure à quatre temps; cette mesure doit être divisée en quatre mouvements faits avec la main ou le pied; voici comment doivent se faire ces mouvements que l'on appelle TEMPS :

Le 1er temps se marque en frappant avec la main droite ou le pied, sur un objet quelconque, le 2me en faisant un mouvement à gauche, le 3me en faisant un mouvement à droite et le 4me en levant.

Le ₵ barré ou le 2 seul indiquent la mesure à deux temps, cette mesure se bat, le 1er temps frappé et le 2me levé.

Ces chiffres $^2_4$ et $^6_8$ indiquent aussi la mesure battue à deux temps.

Celles à trois temps s'indiquent ainsi qu'il suit : par 3 simple ou par $^3_4$, $^3_8$, et $^9_8$, et se battent: en frappant le 1er temps, le second en faisant un mouvement à droite et le troisième en levant.

Les divisions des mesures doivent être faites avec autant de précision que les mouvements faits par un balancier de pendule et avec autant de régularité, plus ou moins précipités, selon le caractère des morceaux de musique.

Pour exercer les élèves à se rendre parfaitement compte de la régularité des battements ou temps, nous avons imaginé le cadre à mesure dont nous donnons la forme ci-dessous :

Mesure à 4 temps. Mesure à 2 temps. Mesure à 3 temps.

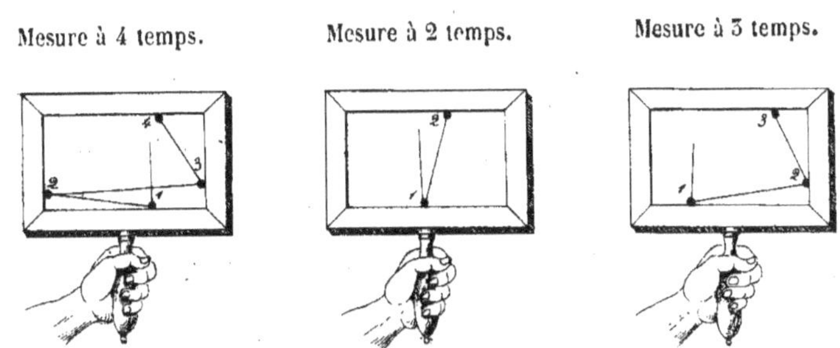

Les élèves devront donc battre la mesure avec une petite baguette dans le cadre qu'ils tiendront par le manche A avec la main gauche; ils devront d'abord s'exercer à battre en blanc, c'est-à-dire sans jouer ni chanter, en comptant les temps et en nommant à haute voix le nom du chiffre de chaque temps; ils ne devront nommer le chiffre que juste au moment du choc de la baguette contre le cadre, au point indiqué pour chaque temps. Nous ne pouvons trop recommander que l'on tienne surtout à ce que l'espace de temps qui doit exister entre chaque battement, soit toujours très-égal. Au moyen du cadre à mesure, les élèves pourront facilement se rendre compte de l'arrivée et de la régularité des temps par le petit bruit que produira la baguette en rencontrant le cadre, et pourront, avec un peu d'exercice, parvenir à battre les différentes mesures exactement et avec précision; pour arriver à ce but, il est très-important de ne jamais promener la main, elle ne doit quitter un temps que juste au moment d'en marquer un autre, car l'intervalle qui doit exister d'un mouvement à un autre doit toujours être pris sur le repos de la main ou du pied et non sur le parcours d'un temps à celui qui le suit, autrement il existerait toujours de l'incertitude pour l'arrivée régulière de tous les battements ou temps.

FIGURES DES NOTES, DES SILENCES,

Et de leur valeur réglée sur la mesure à quatre temps.

La valeur ou la durée de ces différentes figures de notes est réglée ainsi qu'il suit, savoir : la valeur de la ronde est celle d'une mesure à quatre temps (ou de deux temps quand la mesure est indiquée par ₵ ou 2); la différence de ces mesures à deux temps est qu'au lieu de diviser une ronde par quatre on la divise par deux, c'est sur la mesure à quatre temps que nous allons régler les valeurs; d'après cela, il sera facile de se rendre compte de la division des autres mesures; ainsi, un son indiqué par une ronde doit durer pendant que l'on comptera régulièrement : UN, DEUX, TROIS, QUATRE, plus ou moins vîte, selon le degré de vitesse exigé par le morceau que l'on exécute.

La BLANCHE ne valant que moitié de la RONDE, comme nous le voyons dans le tableau comparatif des valeurs ci-dessus, doit durer seulement deux temps; si elle commence une mesure, ou plutôt au premier temps, elle durera pendant que l'on comptera : UN, DEUX, et si elle se trouve au milieu de la mesure, c'est-à-dire, si elle commence le 3me temps, elle durera pendant que l'on comptera : TROIS, QUATRE, ce qui doit lui donner la même durée que quand on compte : UN, DEUX, attendu que l'espace de temps qui doit exister d'un temps quelconque à un autre, doit être parfaitement égal; donc d'après ce que nous venons de dire, il faudra deux BLANCHES pour compléter une mesure à quatre temps ou toute autre valeur équivalente.

La NOIRE ne valant que le QUART de la ronde, devra durer pendant un temps, c'est-à-dire qu'il en faudra quatre pour complément d'une mesure à quatre temps.

La CROCHE ne valant que le HUITIÈME de la ronde ne peut durer que la MOITIÉ d'un temps, donc il en faudra deux pour chaque temps et par-conséquent huit pour complément d'une mesure à quatre temps.

La DOUBLE-CROCHE n'étant que le SEIZIÈME de la ronde ne devra durer que pendant le QUART d'un temps, c'est-à-dire qu'il en faudra quatre pour chaque temps et seize pour complément d'une mesure à quatre temps.

La TRIPLE-CROCHE n'étant que la TRENTE-DEUXIÈME partie de la ronde, ne devra durer que le HUITIÈME d'un temps; il en faudra donc huit pour chaque temps et trente-deux pour complément d'une mesure à quatre temps.

La QUADRUPLE-CROCHE n'étant que la SOIXANTE-QUATRIÈME partie de la ronde, ne devra donc durer que le SEIZIÈME d'un temps, par-conséquent il faudra en faire seize pour un temps et soixante-quatre pour complément d'une mesure à quatre temps.

Nous pensons que ce tableau comparatif des différentes valeurs, réglé sur la division de la mesure à quatre temps, doit suffir aux élèves quand ils s'en seront bien rendu compte; pour les mettre à même de comprendre les divisions de toutes les autres mesures se battant à quatre temps à trois temps et à deux temps.

Voici, d'après le tableau suivant, quelles sont les valeurs nécessaires pour composer les différentes mesures les plus usitées :

Mesures se battant à quatre temps:	C une	*Ou les valeurs équivalentes.*
id.	12 8	*id.*
Mesures se battant à trois temps:	3	*id.*
id.	3 4	*id.*
id.	3 8	*id.*
id.	9 8	*id.*
Mesures se battant à deux temps:	¢ ou 2	*id.*
id.	2 4	*id.*
id.	6 8	*id.*

Nous remarquons à droite de quelques-unes des valeurs figurant dans ce dernier tableau, un point qui les accompagne, ce point a la dénomination de PETIT POINT; sa propriété est d'augmenter de chaque note qu'il accompagne, la durée de moitié; sa place doit toujours être à droite de la note et sur la même ligne, ou dans l'intervalle où elle se trouve placée.

EXEMPLE :

La ronde pointée

vaut . . .

vaut . . . .

vaut . . . .

La croche pointée

vaut . . . .

vaut . . . .

vaut . . . .

Indépendamment des valeurs adoptées pour composer chaque mesure, il arrive quelquefois accidentellement qu'on augmente le nombre des notes voulues par la règle, soit dans un temps, une mesure ou même pendant plusieurs mesures; du moment que ce superflu a lieu, il est d'usage d'indiquer par un chiffre placé au-dessus du groupe de notes qui compose le temps, le nombre de notes qui doit, contre l'usage ordinaire, le composer; cette augmentation n'est guère, pour l'ordinaire, que de une ou deux notes, et les temps augmentés ainsi se nomment TRIOLETS, qui signifient, musicalement parlant, trois notes au lieu de deux (les triolets se rencontrent principalement dans les mesures à quatre temps et à deux temps, et quelquefois dans celles à trois temps); les autres groupes augmentés sont des groupes de six notes au lieu de quatre; ceux-ci peuvent se rencontrer aussi dans toute espèce de mesure.

EXEMPLE:

DES SILENCES.

Dans la musique d'ensemble ou autrement dite à plusieurs parties, exécutée par des voix ou des instruments ou des voix et des instruments réunis, il arrive presque toujours que de temps à autre, quelques exécutants cessent de jouer ou chanter pendant une ou plusieurs mesures, même pendant une fraction de mesure; ces temps sont indiqués dans chaque partie par des signes particuliers que l'on nomme SILENCES, parce qu'ils ont la même valeur en silence que les rondes, les blanches, les noires, les croches, etc., ont de durée comme son; voici dans le tableau suivant les figures de ces signes et leur valeur comparée aux notes.

EXEMPLE:

Silences:

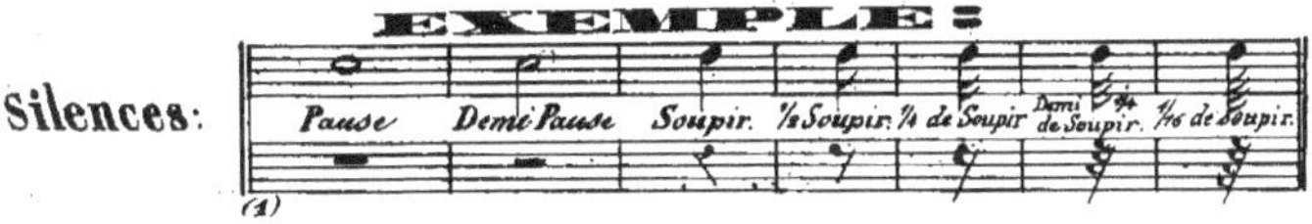

Ainsi, ces silences sont : la PAUSE, valeur de la RONDE (1), la DEMI-PAUSE, valeur de la BLANCHE (la demie-pause ne diffère de la pause que parce que celle-ci se place dessous la 4e portée et qu'elle se place dessus la 3e). Le SOUPIR, valeur de la NOIRE, le DEMI-SOUPIR, valeur de la CROCHE, le QUART DE SOUPIR, valeur de la DOUBLE-CROCHE, le DEMI-QUART DE SOUPIR, valeur de la TRIPLE-CROCHE et le SEIZIÈME DE SOUPIR, valeur de la QUADRUPLE-CROCHE.

Le petit point placé à droite de ces silences a, comme pour les notes, la propriété d'augmenter la durée du silence de moitié, à partir seulement du DEMI-SOUPIR.

On fait aussi usage, comme abréviation, d'autres signes indiquant le silence de plusieurs mesures.

EXEMPLE :

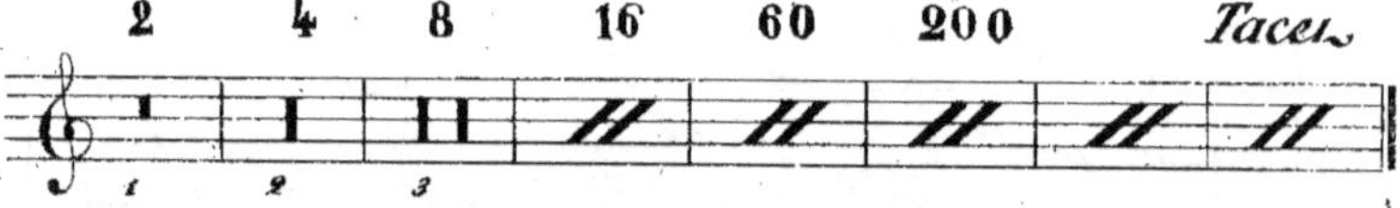

La 1re mesure présente le bâton de 2 mesures, il prend un intervalle entier ; la 2me mesure présente le bâton de quatre mesures, il prend deux intervalles ; quant à la 3e mesure, elle figure deux bâtons de quatre mesures, ce qui fait huit mesures de silence ; à partir de 16 mesures les signes sont les mêmes jusqu'au plus grand nombre de mesures à compter, il est d'usage d'indiquer toujours le nombre par des chiffres placés au-dessus des signes ou bâtons de silences. Quand des barres obliques ne sont accompagnées d'aucun chiffre, cela signifie que pour la partie où elles se trouvent, il n'y a plus rien à exécuter, tandis que d'autres parties achèvent le morceau ; elles sont quelquefois isolément accompagnées du mot TACET. Ce mot signifie que dans le morceau que l'on va exécuter, la partie, à l'endroit où ce mot est écrit, n'a rien à faire.

(1) Il est des cas où la pause peut avoir plus ou moins de valeur car elle peut indiquer une mesure de silence, quelles que soient les valeurs qui composent cette mesure ou les temps qui la divisent soit à $\frac{12}{8}$ $\frac{9}{8}$ $\frac{6}{8}$ $\frac{2}{4}$ $\frac{3}{4}$ etc.

EXEMPLES

DE BARRES DE MESURE, DE REPRISES ET DE RENVOIS.

Les petites barres verticales servent à diviser les morceaux de musique par petites parties que l'on nomme mesures, aussi, appelle-t-on ces barres, BARRES DE MESURES; l'espace qui doit exister entre chacune d'elles peut être plus ou moins grand, cela en raison du rhythme du mouvement et des différentes valeurs qui peuvent composer chaque mesure (Voyez l'exemple ci-dessus); les barres plus fortes, qui sont toujours deux réunies, indiquent la fin de chaque partie ou reprise, et le commencement de celle qui suit; quelquefois ces deux barres sont accompagnées de deux points placés dans les intervalles des lignes, ce qui indique que l'on doit répéter le contenu qui se trouve d'une reprise à l'autre ou revenir au commencement si les points se trouvent à une première reprise; lorsque les barres ne sont pas accompagnées de points on doit suivre toujours comme si il n'y avait que des barres de mesures.

Le signe A de l'exemple ci-dessus est un renvoi qui indique qu'il faut revenir soit au commencement, soit à une reprise où ce signe se trouve reproduit.

Le mot FIN qui se trouve toujours au-dessus d'une reprise signifie qu'après être revenu au renvoi on doit terminer lorsque l'on a joué jusqu'où ce mot est écrit.

DU SON DES NOTES

Et de l'ordre que chaque son doit suivre pour former les différentes gammes majeures et mineures selon les lois de l'échelle diatonique.

Les sons musicaux sont des bruits résonnants qui peuvent être relatifs entr'eux et différer soit par le TON, la DURÉE, la FORCE et le TIMBRE; le TON peut être modifié du grave à l'aigu, la DURÉE du vite au lent, la FORCE du fort au faible, et le TIMBRE de l'aigre au doux.

C'est au moyen des notes, selon leur position soit dans la portée ou hors de la portée que l'on indique les différents sons musicaux; ces notes sont au nombre de sept et se nomment UT, RE, MI, FA, SOL, LA, SI. Toutes les notes sont susceptibles de pouvoir se répéter en reproduisant leur son une ou plusieurs octaves (1) plus haut ou plus bas.

Pour former les gammes ou échelles diatoniques il faut huit notes dont sept seulement diffèrent par leur son car le huitième son n'est que la répétition du 1er (SON ou 1re NOTE), donc ce SON doit commencer et terminer toute gamme majeure ou mineure, cette nécessité tient à des causes que nous aurons occasion de faire connaître plus loin.

DES CLEFS.

Nous avons dit précédemment que les clefs déterminent, par leur position dans la portée, celle que les notes doivent prendre soit sur les lignes ou dans leurs intervalles; effectivement les notes de la gamme d'UT et de LA mineur de l'exemple ci-dessus ont leur position assignée par la clef de sol qui se trouve placée au commencement de la portée (voyez la partie C du même exemple). Placée comme elle se trouve sur la seconde ligne, c'est elle qui fait prendre à la note qui sera placée sur la seconde ligne comme

(1) On appelle octave le parcours des huit sons de l'échelle diatonique et tout son se reproduisant soit au GRAVE soit à l'AIGU.

elle le nom de sol, et à partir de cette note suivant l'ordre progressif de l'échelle diatonique (voyez dans l'exemple la gamme d'UT), c'est-à-dire en considérant le sol comme cinquième note de la gamme, si nous placons successivement sur chaque ligne et entre chaque intervalle une figure de note quelconque, nous aurons en descendant jusqu'à la note UT, à partir du SOL : **SOL, FA, MI, RÉ, UT**, et en montant toujours à partir de SOL ou même de l'UT où nous sommes descendus, nous aurons, en plaçant toujours successivement une note de degré en degré, d'abord l'UT sous la seconde ligne mais partagé par une petite ligne supplémentaire qui simule une ligne, car le RÉ se trouvant sous la première ligne est censé être dans un intervalle formé par l'interligne de l'UT et la première ligne; les petites lignes qui se trouvent sous le SI et sous l'UT de la 2me octave et partagent sa tête comme l'UT en bas sont aussi des lignes supplémentaires, on les multiplie jusqu'aux sons les plus graves et les plus aigus.

D'après la propriété de la clef de sol nous aurons, disons nous, l'**UT** placé sous la PREMIÈRE LIGNE et partagé d'une INTERLIGNE, le **RÉ** sous la PREMIÈRE LIGNE, le **MI** SUR la PREMIÈRE LIGNE, le **FA** ENTRE la PREMIÈRE et la DEUXIÈME LIGNE, le **SOL** SUR la DEUXIÈME LIGNE, note principale pour la dénomination des autres, **LA** entre la DEUXIÈME et TROISIÈME LIGNE, le **SI** SUR la TROISIÈME LIGNE, l'**UT**, octave du 1er son, ENTRE la TROISIÈME et la QUATRIÈME ligne, etc.; cela peut aller à l'infini en descendant de degré en degré au son le plus grave comme en montant au son le plus aigu. Nous voyons, d'après ce que nous venons de démontrer, que SOL, suivant la propriété que lui donne la clef dont il prend son nom devient lui-même clef pour la dénomination des autres notes, puisque c'est lui qui détermine la position de chacune d'elles; aucune des notes dont la position est assignée par une clef quelconque ne peut changer de dénomination sur la ligne ou dans l'interligne où elle se trouve, à moins que la clef ne change de position ou de nomination. La clef de sol est la seule dont nous ayons besoin de nous occuper pour l'instant, plus loin, nous aurons à temps utile, occasion de parler des autres.

POSITION DES NOTES
EN CLEF DE SOL.

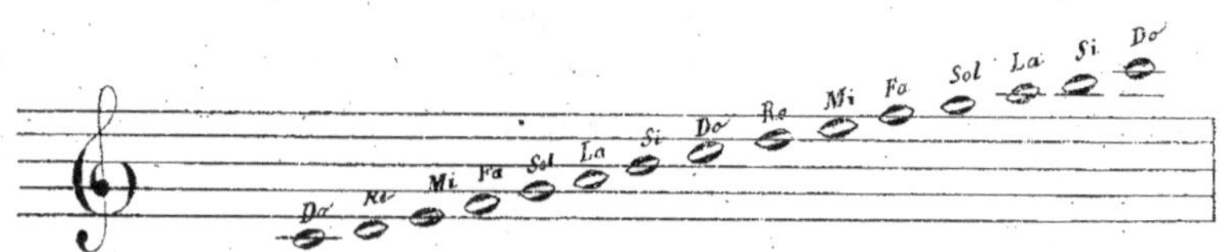

NOTES SE PLAÇANT SUR LES LIGNES.

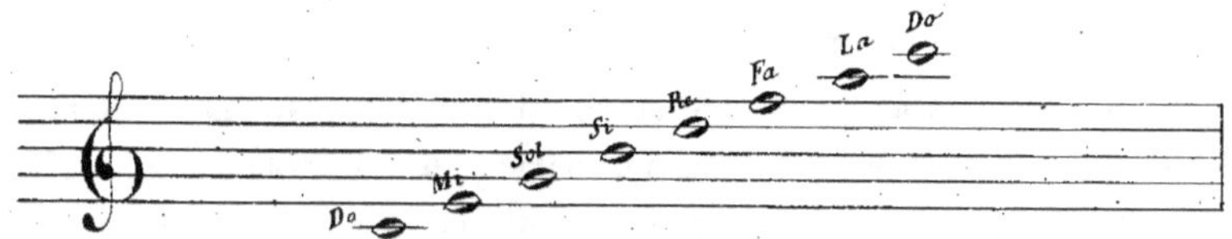

NOTES PLACÉES ENTRE LES LIGNES.

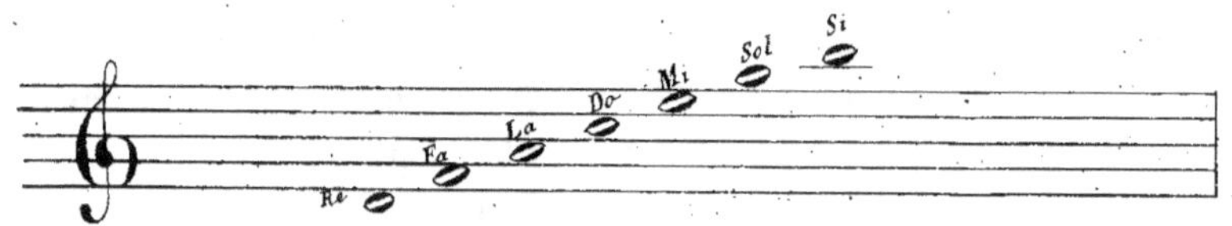

NOTES SE REPRODUISANT A L'OCTAVE.

EXERCICE DE LECTURE
DES
NOTES EN CLEF DE SOL.

NOTES LES PLUS GRAVES ET LES PLUS AIGUES.

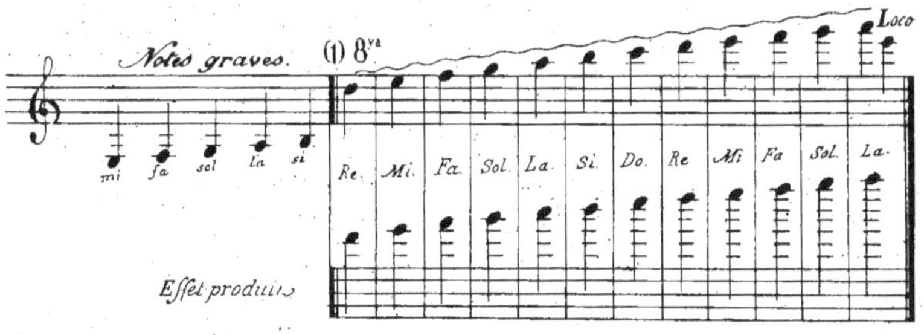

(1) Ce 8, accompagné de la syllabe *va* et d'une *ligne serpentée*, indique que toutes les notes écrites sous cette ligne doivent être exécutées huit notes plus haut, jusqu'au mot *loco* qui indique que les notes doivent être exécutées comme elles sont écrites dès lors que la ligne serpentée n'existe plus.

FORMATION DES GAMMES MAJEURES ET MINEURES.

Comme nous l'avons déjà dit précédemment, l'ordre dans lequel se trouvent placées les différentes NOTES ou SONS de toute gamme se nomme échelle diatonique, ce qui signifie musicalement parlant, procéder par tons et demi-tons, c'est-à-dire que les sept sons qui composent la gamme y compris l'octave, doivent former cinq tons et deux demi-tons majeurs, en parcourant progressivement l'échelle de degré en degré, du grave à l'aigu. De cette progression qui doit être invariable pour toute gamme, vient la règle suivante : *Toute gamme majeure ou mineure, doit être composée de cinq tons et deux demi-tons.*

Dans les gammes MAJEURES les demi-tons doivent se trouver ainsi qu'il suit : le 1er demi-ton doit être formé par l'intervalle du 3e au 4e degré, et le second demi-ton par l'intervalle du 7e au 8e degré.

Les gammes mineures ne diffèrent des majeures, que parce que le 1er demi-ton au lieu de se trouver placé du 3e au 4e degré comme dans cette dernière, doit exister du 2e au 3e. Quant au 2e demi ton, en mineures comme en majeures, il doit exister du 7e au 8e degré. Ainsi, nous voyons, d'après ce que nous venons de dire, que le 8e son ou répétition du 1er son doit être indispensable pour compléter une gamme quelconque, car sans la répétition de ce son, le 2me demi-ton qui doit se trouver du 7e au 8e degré ne pourrait avoir lieu, et ce demi-ton est le plus important car c'est lui qui détermine le ton; aussi est-ce pour cette raison que l'on a qualifié le 7e degré de note sensible, note qui perdrait sa qualification si elle ne venait s'appuyer sur la reproduction du 8e son, car ce n'est qu'en se résolvant sur l'octave qu'elle peut déterminer le ton.

Chaque gamme prend sa dénomination de la note qui la commence, note qui doit lui servir de point de départ pour former l'échelle diatonique dans l'ordre prescrit par la règle ; aussi, a-t-on appelé cette note, TONIQUE.

On a pris pour modèle des gammes majeures la gamme d'UT parce que la note UT est la seule qui puisse être prise pour Tonique pour la formation d'une gamme majeure conforme à la règle, sans qu'aucun des sons qui la composent ait besoin d'être accompagné d'aucun signe ou caractère qui put les altérer; ces signes altératifs sont ceux qui sont présentés dans l'exemple suivant.

EXEMPLE :

Le dièze, ... ♯ .... Ce signe, placé devant une note a la propriété de la hausser d'un demi-ton.

Le bémol, ... ♭ .... Ce signe, placé devant une note, a la propriété de la baisser d'un demi-ton.

Le bécarre, ... ♮ .... Ce signe a la propriété de rétablir dans son ton naturel la note déjà diézée ou bémolisée.

Le double-dièze ♯♯ ou ✕ Ces signes élèvent d'un demi-ton de plus la note déjà diézée.

Le double-bémol ♭♭ Ce signe baisse d'un demi ton de plus la note déjà bémolisée.

Chaque ton majeur a son ton relatif mineur; la tonique ton mineur, se prend toujours au SIXIÈME degré de son relatif majeur; ainsi, d'après cette règle, la gamme d'UT, modèle des majeures, offre pour tonique de son relatif mineur la note LA, ce qui établit la règle suivante : *que quand on n'a ni dièze ni bémol à la clef on est en UT majeur ou en LA mineur*, et dès lors que la clef est accompagnée d'accidents, c'est une autre note que l'UT qui devient tonique majeure, et nécessairement une autre note que LA qui devient tonique mineure, puisque, comme nous venons de le dire, c'est la tonique majeure qui engendre la tonique mineure de chaque ton majeur. Le nom des gammes change en raison du plus ou moins d'accidents qui sont à la clef, et de leur nature.

Le 1er emploi que l'on fait des signes altératifs est pour créer convenablement la gamme de LA mineur, parce qu'en prenant LA pour tonique, la marche de l'ordre diatonique ne peut plus être régulière, et sans le secours du dièze elle ne pourrait exister que contre la règle (Analysez l'exemple E).

EXEMPLE.

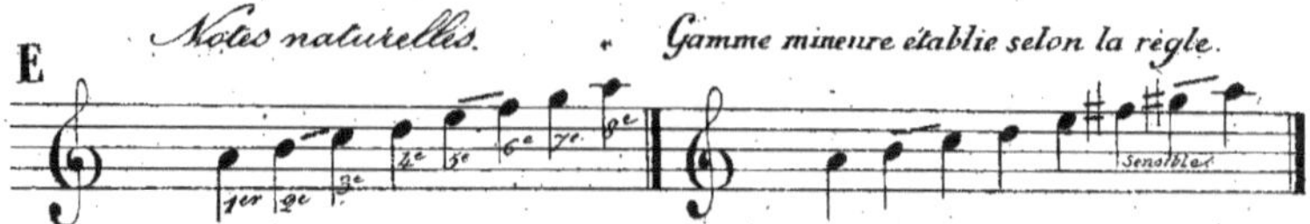

Nous voyons, d'après l'exemple ci-dessus, que, laissant les notes dans leur état naturel, sans être diézées ni bémolisées, qu'en prenant LA pour tonique (tonique prise comme il a été prescrit) au 6me degré de la gamme d'UT, que LA, de 6e degré qu'il était devient 1er degré de la gamme de LA mineur, et que par suite de ce changement, nous retrouvons le 7e et le 8e degré du ton d'UT, devenir 2e et 3e degré du ton de la mineure, et par-conséquent, établir entre ces deux degrés, conformément à la règle des gammes mineures, un demi-ton du 2e au 3e degré, puisque de *si* à *ut* dans le ton d'*ut* il n'y a qu'un demi-ton, donc ces deux notes doivent rester, sans altération dans la gamme de *la* mineur; mais en continuant d'analyser, à partir d'ut, arrivant à l'intervalle du 5e au 6e degré, nous trouvons que l'ordre exigé par la règle n'existe plus, car au lieu de trouver un ton du 5e au 6e degré, nous trouvons un demi-ton formé de MI à FA NATUREL. Eh bien! c'est avec le concours du dièze que nous pouvons corriger cette lacune, car mettant un dièze devant le FA NATUREL nous le haussons d'un demi-ton et par-conséquent l'éloignons d'un demi-ton de *mi*, et par cela nous rétablissons un ton de MI à FA DIÈZE, 5e et 6e degré, mais aussi par suite de cette opération, nous établissons un demi-ton de FA DIÈZE à sol naturel; FA DIÈZE et *sol* naturel forment l'intervalle du 6e au 7e degré, et dans toute gamme, selon ce que nous avons dit plus haut, il doit y avoir toujours un ton entre ces deux degrés, c'est donc encore au dièze que nous allons avoir recours en le plaçant devant le sol, pour établir le TON voulu de *fa* dièze à *sol* qui de *sol* naturel est devenu *sol* dièze et note sensible de la gamme de LA mineur, car par suite de la mobilisation des notes à l'aide du dièze, nous avons établi de sol DIÈZE au 7e et 8e degré de la gamme de LA MINEUR, un demi-ton, et par conséquent, à l'aide de DEUX DIÈZES, nous avons obtenu une gamme MINEURE conforme à la règle : ainsi, avec l'emploi des signes altératifs, d'après l'usage que nous venons d'en faire, nous voyons que l'on peut former des gammes dans tous les tons majeurs et mineurs en prenant une note quelconque pour tonique, car les accidénts peuvent nous fournir les moyens de mobiliser à volonté tous les tons et demi-tons de toutes suites de notes se suivant de degrés en degrés, afin de les ranger dans l'ordre diatonique.

Les GAMMES MINEURES jouissent de précieuses particularités que ne possèdent pas les GAMMES MAJEURES et ces particularités naissent d'un désordre qui doit s'opérer dans l'échelle diatonique en descendant les gammes mineures; effectivement, comme en montant ces gammes, et montant et descendant les gammes majeures, on ne procède plus par ton et demi-ton, car, en prenant pour modèle des GAMMES MINEURES, comme précédemment la gamme de LA, nous devons en descendant, rétablir le *fa* DIÈZE dans son ton naturel, ce qui vient créer un ton et demi du 6e au 5e degré, et par la même cause, un demi-ton du 5e au 4e degré, analysant les rapports des intervalles, nous trouvons donc que cette gamme, en descendant, forme 3 TONS, 3 DEMI-TONS et 1 TON et DEMI; donc la règle de l'échelle diatonique ici se trouve violée, mais de cette violation, le GENRE MINEUR acquiert une richesse prodigieuse dans ses développements, dans la MÉLODIE et surtout dans l'HARMONIE qui y trouve une source immense d'effets les plus puissants qui produisent en nous les plus douces sensations.

Quelques théoriciens ont cru devoir rétablir en descendant les gammes mineures, l'échelle dans le ton de la tonique du relatif majeur (Voyez l'exemple F), nous croyons que ceci n'est pas logique et que cette manière de procéder ne peut se faire qu'en modulant, (moduler c'est sortir du ton principal) prenant pour exemple comme précédemment la gamme LA MINEUR, rétablissant les notes altérées dans leur ton naturel, nous ne pouvons être qu'en UT majeur et nécessairement nous sortons du ton principal qui était en montant, LA mineur, descendant ainsi cette gamme, l'oreille ne peut plus pressentir le ton de LA mineur que lorsque l'on est arrivé sur le LA et encore c'est avec indécision qu'elle se repose sur cette note, car elle pressent un repos sur l'UT; si, par exemple, nous faisons un repos sur le *si*, ou toute autre note non altérée, rien ne nous fera désirer le ton de LA mineur, tandis que si nous laissons subsister *sol* DIÈZE en ne rétablissant que *fa* DIÈZE dans son ton naturel, l'oreille se reposant sur une note quelconque de cette échelle descendante, ne pourra pressentir que le ton de LA MINEUR et n'aura aucun penchant pour aller en UT : du reste, nous croyons que la meilleure raison qui puisse se donner à l'appui de notre opinion, c'est qu'en rétablissant les notes dans le ton naturel de la tonique (relatif majeur), nous serions privés de la NOTE SENSIBLE qui, nous croyons, ne doit, sous quelque prétexte que ce soit, être supprimée; si nous baissions le 7e degré d'un demi-ton, nous enlèverions ce qui fait la plus grande richesse du genre mineur, car c'est justement de ce 7e degré restant note sensible et du 6e degré baissé d'un demi-ton en descendant que le précieux accord de 7e diminué prend naissance et nous croyons qu'il ne peut venir que de là ; nul ne peut nier que de cet accord qui fait la richesse du genre mineur, ainsi que de ses renversements développés dans la mélodie comme dans l'harmonie découlent les plus belles ressources musicales puisées dans une source tellement infinie, que tous les jours, nos compositeurs en recueillent de nouveaux effets, surtout dans l'instrumentation, et les hommes de l'art les plus expérimentés sont souvent eux-mêmes surpris de ces nouveaux effets et de leur puissance.

FORMATION DE NOUVELLES GAMMES

A L'AIDE DES ACCIDENTS.

Pour mettre de nouveau en pratique l'avantage qu'offrent les accidents pour former toute espèce de gamme majeure et mineure, c'est-à-dire en prenant une note quelconque pour tonique, nous allons donner pour exemple la formation de la gamme de RÉ MAJEUR et son relatif mineur.

Prenant le 2e degré de la GAMME D'UT pour tonique d'une gamme majeure, cette gamme doit nécessairement prendre le nom de gamme en RÉ MAJEUR; prenant donc la note RÉ pour point de départ et plaçant une note de degré en degré jusqu'à son octave, laissant chaque note dans son ton naturel, il nous sera facile, en nous rendant compte de la place qu'occupent les tons et demi-tons, de remarquer que l'ordre dans lequel ils se suivent doit être rétabli pour que la gamme de RÉ MAJEUR puisse être créée conformément à la règle (Voyez l'exemple P); c'est ce que nous allons faire, analysant : nous trouvons premièrement que du 2e au 3e degré (bien entendu en considérant *ré* comme 1er degré), il existe un demi-ton qui doit exister du 3e au 4e degré; pour replacer ce demi-ton entre ces deux derniers degrés, nous n'avons qu'à placer un DIÈZE devant le FA NATUREL, ce qui haussera ce FA d'un demi-ton et établira nécessairement un ton de MI à FA DIÈZE, et par suite de cette mobilisation, établira aussi de FA DIÈZE à SOL un demi-ton, ce qui nous donne le résultat voulu pour la place du 1er demi-ton. En continuant d'analyser : que SI et UT qui forment le 7e et le 8e degré de la GAMME D'UT, viennent ici former un demi-ton du 6e au 7e degrés, ce qui ne peut exister dans l'ordre diatonique; pour replacer ce DEMI-TON selon la règle, nous placerons UN DIÈZE devant l'UT qui par cette opération s'éloignera de SI d'un DEMI-TON et deviendra par cette raison NOTE SENSIBLE du TON de RÉ, car d'*ut* DIÈZE, 7ᵉ degré à *ré*, 8ᵉ degré, il n'y a plus qu'un demi-ton, ce qui nous rend conforme; analysant la gamme de l'exemple E, la comparant à celle P, nous pourrons de nouveau nous rendre compte, d'après ce que nous venons de faire, pour créer, à partir de *ré*, une gamme majeure, que cette création donne lieu à l'altération de deux notes par le dièze, ce qui oblige, en *ré* majeur, de mettre deux DIÈZES à la clef, qui doivent se poser le 1er sur le degré de la note SOL et le 2e sur le degré de l'UT.

Pour former la gamme de SI MINEUR, TON relatif MINEUR de RÉ, comme pour toute autre gamme mineure, nous renvoyons à ce que nous avons dit concernant la création de la gamme de *la* mineur, les règles qui y sont prescrites et les moyens que nous avons employés pour la créer sont les mêmes pour tous les tons mineurs; il ne s'agit que d'établir diatoniquement l'ordre des tons et demi-tons avec l'aide des accidents et l'emploi que nous venons d'en faire, nous sommes persuadé que l'élève qui nous aura bien compris dans les démonstrations précédentes de la FORMATION des GAMMES, sera à même d'arriver sans peine à former lui-même l'échelle diatonique de toute GAMME MAJEURE OU MINEURE, sans qu'il soit nécessaire de lui donner de nouvelles explications à ce sujet; pour parvenir à ce but, on devra d'abord prendre pour TONIQUE MAJEURE chaque note que fournit la gamme d'UT, ensuite les NOTES ALTÉRÉES dont nous donnons la nomenclature dans l'exemple suivant : nous croyons pouvoir nous dispenser de donner la nomenclature des TONIQUES MINEURES, nous rappellerons seulement ce que nous avons dit plus haut, que la TONIQUE MINEURE des TONS relatifs MAJEURS, se prend au 6e degré en montant ou au 3e degré en descendant la gamme de tous les TONS MAJEURS.

Nous allons donner pour exemple la première GAMME MAJEURE qui donne lieu à l'emploi du BÉMOL; cette GAMME prend pour TONIQUE le 4e DEGRÉ de la GAMME d'UT, qui est FA.

A partir de FA, plaçant les notes de degré en degré dans leur TON NATUREL (voyez l'exemple R), les analysant, nous reconnaîtrons facilement que l'ordre diatonique doit être rétabli pour former la gamme de FA; c'est ce que nous avons fait avec le secours du BÉMOL (voyez l'exemple); ainsi, cette gamme de FA MAJEUR donne lieu à UN BÉMOL à la CLEF; ce bémol se pose sur le DEGRÉ du SI (voyez l'exemple T), donc en FA, tous les SI doivent être BÉMOLS; pour trouver la tonique du relatif MINEUR de FA majeur, à partir de FA, nous descendons de DEUX DEGRÉS, ce qui nous arrête sur RÉ; RÉ doit donc être la TONIQUE MINEURE du ton de FA MAJEUR, ce qui fait que quand il y a UN BÉMOL à la clef on doit être ou en FA MAJEUR ou en RÉ MINEUR; les moyens à employer pour former cette gamme mineure et toute autre, sont toujours les mêmes que pour les précédentes (voyez l'exemple V).

NOTES

Que l'on peut prendre pour TONIQUES des gammes majeures, et le nombre d'accidents qu'elles fournissent.

Nous remarquerons, d'après le tableau précédent, que toutes les notes naturelles peuvent être prises pour tonique, mais qu'il n'en est pas de même pour celles diézées, car nous ne voyons que deux toniques diézées qui sont UT DIÈZE et FA DIÈZE, avec toute autre note dièzée on serait obligé, pour former l'échelle diatonique, d'employer le double-dièze; voyez, par exemple, ce que fournirait la gamme en LA dièze (1) qui est la même que SI BÉMOL, elle fournirait quatre dièzes et trois doubles dièzes, le 1er sur FA, le 2e sur l'UT et le 3e sur SOL; quoi qu'il en soit, analisant les toniques de chaque ton, on remarquera que chaque note de l'échelle croma-tique a été prise pour tonique comme note naturelle, diézée, ou bémolisée.

Pour ne pas surcharger l'écriture de la musique de caractères, afin d'en faciliter la lecture, il est de convenance de n'indiquer qu'au commencement des portées les accidents qui doivent altérer plus ou moins de notes selon le ton où les morceaux sont écrits; prenons, par exemple, la gamme de RÉ MAJEUR (voyez l'exemple), cette gamme exige l'altération de deux notes, *fa* et *ut* deviennent dièze, alors au commencement de la portée on pose, sur le degré du FA, un DIÈZE, et sur le degré de l'UT un DIÈZE, donc dans tout le courant d'un morceau qui a deux dièzes à la clef, tous les *fa* et les *ut* doivent être diézés sans qu'il soit nécessaire de faire précéder aucune de ces deux notes du DIÈZE, elles ne pourraient rentrer dans leur ton naturel que si elles étaient précédées du BÉCARRE, alors ce serait pour sortir du ton de *ré* majeur.

Les tons mineurs, indépendamment des accidents que leur relatif majeur fournissent à la clef, exigent que ceux qui doivent altérer de nouvelles notes ou les rétablir dans leur ton naturel les accompagnent toujours.

Voici dans quel ordre les accidents doivent se suivre depuis le premier jusqu'au 7e dièze ou bémol :

Les DIÈZES doivent se placer à la clef à partir du premier qui se pose sur la LIGNE du FA, de QUARTE en MONTANT, et de QUINTE en DESCENDANT alternativement (voyez l'exemple). Les BÉMOLS doivent se placer, à partir du premier qui se pose sur le DEGRÉ de SI, de QUARTE en MONTANT et de QUINTE en DESCENDANT alternativement (voyez l'exemple).

Les DIÈZES et les bémols donnent lieu aussi à la création de gammes qui procèdent régulièrement par demi-tons ; ces gammes se nomment chromatiques, elles peuvent exister dans tous les tons selon la note que l'on prend pour tonique.

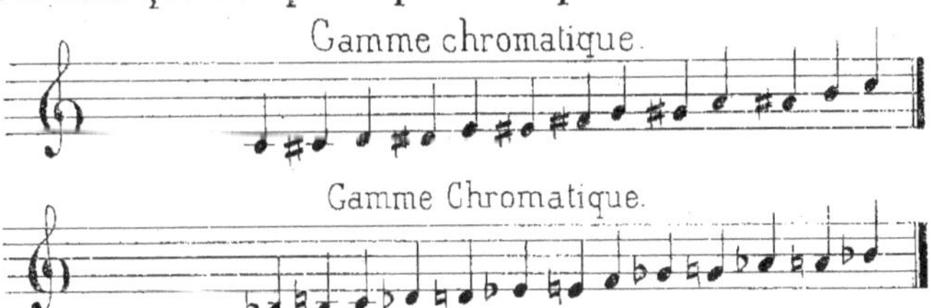

A l'aide des accidents on peut aussi établir la gamme enharmonique, gamme qui est formée de sons, qui sans changer de degré de tonalité (ou du moins insensiblement), que de deux en deux notes, changent de nom à chaque note.

EXEMPLE :

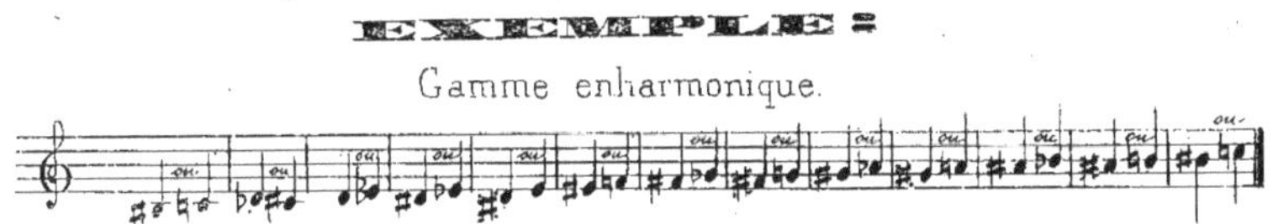

DES INTERVALLES.

On nomme intervalle la distance qui existe d'un son à un autre, quel que soit le degré d'aiguité ou de gravité de l'un ou de l'autre.

L'espace existant entre deux sons quelconque se nomme et se chiffre selon le nombre de degrés que l'on a à parcourir de l'un à l'autre, et selon les tons et demi-tons existant entre chaque degré de ce parcours.

Les intervalles sont de plusieurs espèces; ils peuvent être majeurs, ou mineurs, ou diminués, ou augmentés.

Tous les intervalles, dans l'ordre diatonique, sont MAJEURS ou MINEURS, à l'exception de la quarte et de la quinte qui sont justes ou altérées.

L'intervalle DIMINUÉ est l'intervalle MINEUR dont on retranche un demi-ton en haussant, à l'aide du dièze la note inférieure ou en baissant la note supérieure à l'aide du bémol.

L'intervalle AUGMENTÉ est celui qui étant majeur est augmenté soit en baissant, à l'aide du bémol, sa note inférieure, ou soit en haussant sa note supérieure à l'aide du dièze; la QUARTE et la QUINTE, quoique n'étant ni MAJEURE ni MINEURE, peuvent devenir intervalle, AUGMENTÉ, ou DIMINUÉ.

Un intervalle MAJEUR HAUSSÉ d'un DEMI-TON devient AUGMENTÉ; BAISSÉ d'un DEMI-TON, il devient MINEUR; BAISSÉ de DEUX EDMI-TONS, il devient DIMINUÉ.

Les intervalles majeurs, en transportant la note grave à l'aigu et la note aigue au grave, deviennent intervalles mineurs. Les intervalles mineurs, en transportant la note grave à l'aigu et la note aigue au grave deviennent majeurs.

Les intervalles augmentés en transportant la note grave à l'aigu et la note aigue au grave, deviennent intervalles DIMINUÉS.

Les intervalles DIMINUÉS, en transportant la note GRAVE à l'AIGU et la note AIGUE au GRAVE, deviennent intervalles AUGMENTÉS.

Ce transport de l'AIGU au GRAVE ou du GRAVE A l'AIGU se nomme renversement.

LEÇONS

Pour s'exercer à battre la mesure et pour exercer l'oreille et la voix à l'intonation des différents intervalles.

INTERVALLES DE SECONDES.

INTERVALLES DE TIERCES.

+ *Ces croix indiquent les intervalles de tierces mineures.*

— *Ces petits traits qui se trouvent entre deux notes indiquent les ½ tons.*

INTERVALLES DE QUARTES.

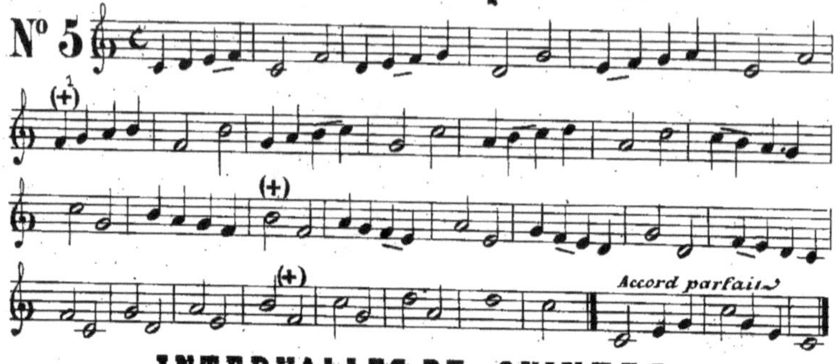

INTERVALLES DE QUINTES.

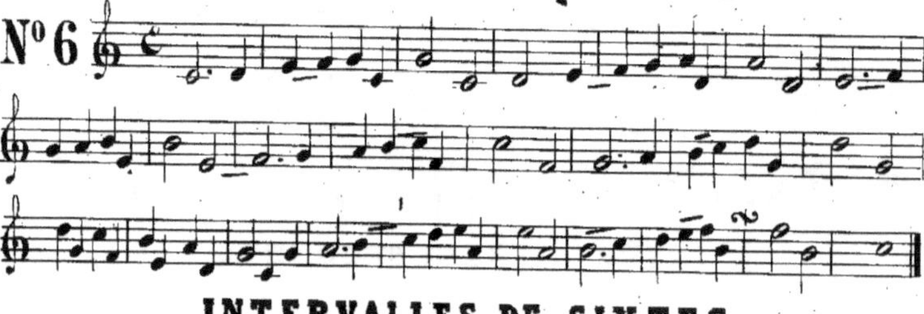

INTERVALLES DE SIXTES.

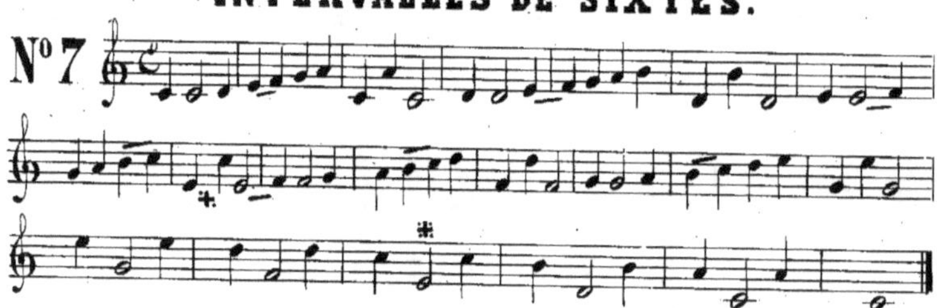

INTERVALLES DE SEPTIEMES.

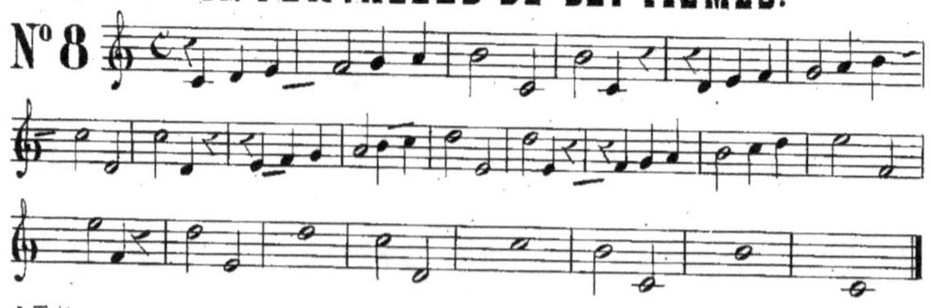

+ *Triton ou quarte augmentée, Intervalle de 3 tons.*

↷ *Quinte diminuée. Intervalle de deux tons et 2 demi-tons.*

* *Sixte mineure. Intervalle de 3 tons et 2 demi-tons.*

INTERVALLES D'OCTAVES.

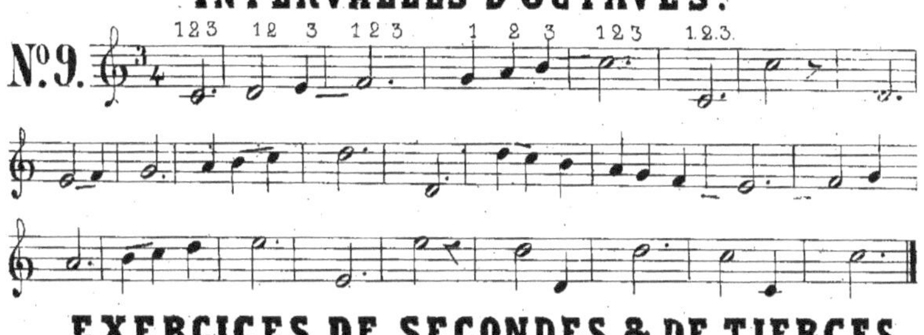

EXERCICES DE SECONDES & DE TIERCES.

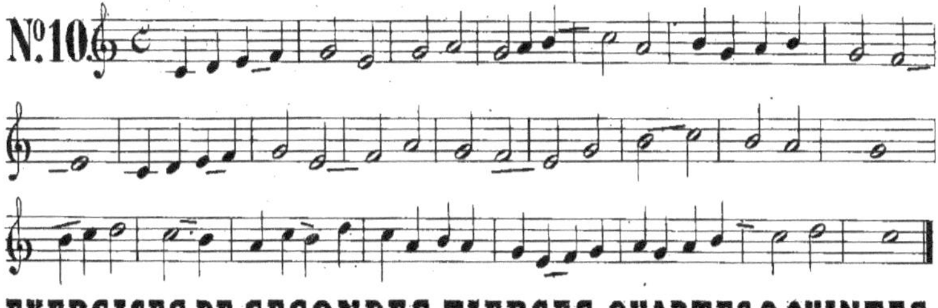

EXERCICES DE SECONDES, TIERCES, QUARTES & QUINTES.

EX.ces DE SECONDES, TIERCES, QUARTES, QUINTES & SIXTES.

EXERCICES DE DIFFÉRENTS INTERVALLES.

RENVERSEMENT DES INTERVALLES.

Quinte diminuée. Quinte juste. Quinte augmentée. Sixte mineure. Sixte majeure. Sixte augmentée.

Quarte augmentée. Quarte juste. Quarte diminuée. Tierce majeure. Tierce mineure. Tierce diminuée.

www.ingramcontent.com/pod-product-compliance
Lightning Source LLC
LaVergne TN
LVHW010302230826
846091LV00007BB/2659

* 9 7 8 2 0 1 9 9 9 2 5 2 1 *